GUÍA DE LECTURA

Escrita por Claire Cornillon
Traducida por Clara Raposo Romero

Edipo rey

de Sófocles

SÓFOCLES

DRAMATURGO GRIEGO

- **Nacido hacia el 496 a. C. en Atenas**
- **Fallecido hacia el 406 a. C. en la misma ciudad**
- **Algunas de sus obras:**
  - *Antígona* (hacia el 442 a. C.), tragedia
  - *Filoctetes* (409 a. C.), tragedia
  - *Edipo en Colono* (401 a. C., póstumo), tragedia

Sófocles es, junto con Esquilo y Eurípides, el más conocido de los poetas trágicos de la Grecia clásica. Nace hacia el 496 a. C. y muere hacia el 406 a. C. Es el autor de más de un centenar de tragedias de las que sólo nos han llegado siete. Las más conocidas son *Edipo rey* y *Antígona*. En la obra Sófocles, al contrario que en la de su predecesor Esquilo, el coro (grupo de personas que comentan la acción cantando o cantando) ocupa un lugar menor y el héroe gana en profundidad psicológica. En la *Poética*, Aristóteles se refiere a él como modelo de la tragedia.

EDIPO REY

EDIPO REY, EL MODELO DE LA TRAGEDIA

- **Género:** teatro (tragedia)
- **Edición de referencia:** Sófocles. 1981. *Tragedias.* Traducido por Assela Alamillo. Madrid: Gredos
- **Primera edición:** antes del 425 a. C.
- **Temáticas:** destino, transgresión, incesto, parricidio, investigación, Tebas, mitología, Antigüedad

Edipo rey es probablemente el modelo de la tragedia griega ya que representa a un héroe abrumado por un destino que se le escapa y que no puede aceptar. Se cree que la obra data de antes del 425. Cuenta cómo Edipo, rey de Tebas, descubre que ha cumplido el oráculo que quería evitar desesperadamente y que, sin saberlo, ha asesinado a su padre y se ha casado con su madre. Al descubrir la verdad, su madre, Yocasta, se suicida mientras que Edipo se saca los ojos y pide que le exilien. La obra es una sucesión de revelaciones que comienzan con la del adivino Tiresias, ciego pero perspicaz.

RESUMEN

Delante del palacio de Edipo en Tebas hay niños en cuclillas sobre los escalones y con ramas de olivo en la mano. Les acompaña un sacerdote de Zeus. Cuando Edipo sale para preguntarles qué pasa, el sacerdote le explica que la peste ha llegado a Tebas:

> «La ciudad, como tú mismo puedes ver, está ya demasiado agitada y no es capaz todavía de levantar la cabeza de las profundidades por la sangrienta sacudida. Se debilita en las plantas fructíferas de la tierra, en los rebaños de bueyes que pacen y en los partos infecundos de las mujeres. Además, la divinidad que produce la peste, precipitándose, aflige la ciudad. ¡Odiosa epidemia, bajo cuyos efectos está despoblada la morada Cadmea, mientras el negro Hades se enriquece entre suspiros y lamentos!»

Le pide ayuda a Edipo.

Creonte, el hermano de Yocasta, que fue a recoger el oráculo de los dioses, vuelve y anuncia que la muerte de Layo, que gobernaba la ciudad antes que Edipo, tiene que vengarse para que vuelva el orden. Pero nadie sabe quién lo ha matado. Entonces Edipo decide dirigir una investigación: «Yo lo volveré a sacar a la luz desde el principio» (Sófocles 1981, 316). Entra en el palacio con Creonte. Los niños y el sacerdote salen mientras entra el coro de ancianos que deploran la situación dramática de la ciudad. Edipo les responde: «Súplicas. Y de lo que suplicas podrías obtener remedio y alivio en tus desgracias» (Sófocles 1981, 319) . Les pide ayuda para aclarar el asunto.

Edipo cuenta que ha sucedido a Layo y se ha casado con su mujer, Yocasta. Por eso expone lo siguiente: «Por todo esto yo, como si mi padre fuera, lo defenderé», dice (Sófocles 1981, 321). El corifeo, el jefe del coro, le sugiere a Edipo que pregunte a Tiresias «Sé que, más que ningún otro, el noble Tiresias ve lo mismo que el soberano Febo» (Sófocles 1981, 322). Entra Tiresias, guiado por un niño. Edipo le pregunta qué sabe y el adivino le responde: «¡Ay, ay! ¡Qué terrible es tener clarividencia cuando no aprovecha al que la tiene!» (Sófocles 1981, 323). Se niega a decir nada más. Edipo insiste y Tiresias termina confesándole la verdad: «Afirmo que tú eres el asesino del hombre acerca del cual están investigando» (Sófocles 1981, 325). Y añade: «Afirmo que tú has estado conviviendo muy vergonzosamente, sin advertirlo, con los que te son más queridos y que no te das cuenta en qué punto de desgracia estás» (Sófocles 1981, 325).

Edipo cree que Creonte, celoso de su poder, ha tramado eso para culparle. Tiresias sale y Edipo entra en el palacio. Creonte, que ha oído cómo Edipo le acusaba, quiere preguntarle qué pasa: «Pues si en los males presentes cree haber sufrido de mi parte con palabras o con obras algo que le lleve a un perjuicio, no tengo deseo de una vida que dure mucho tiempo con esta fama», dice (Sófocles 1981, 330). Entonces entra Edipo, que le pregunta por Tiresias y el asesinato de Layo. Yocasta interviene. Edipo sigue creyendo que Creonte es culpable. El coro le convence y acepta pedir el exilio de Creonte en lugar de su muerte.

Yocasta le cuenta a Edipo que los adivinos se pueden equivocar porque le predijeron a Layo que su hijo lo mataría y fueron los bandidos los que lo asesinaron. Al escuchar estas palabras, Edipo comprende que puede que fuera él el que mató a su propio padre. Cuenta su historia: un día que alguien le llamó «falso hijo de su padre», se puso a dudar sobre la identidad de sus padres y huyó. En el camino mató a un hombre desconocido.

Un corintio anuncia la muerte de Pólibo que Edipo creía que era su padre. Pero añade que Pólibo no era el padre de Edipo, sino que su padre fue quien encontró al niño y lo entregó a Pólibo. Un pastor del rey Layo se lo había entregado al corintio. Yocasta reacciona con vehemencia: «Y cuando él haya aparecido, ¿qué esperas que suceda? » (Sófocles 1981, 343). Entonces entra en el palacio. Edipo le pregunta al pastor y acaba sabiendo que Yocasta es la que le había entregado el niño para que lo matara, pero que, por piedad, le había perdonado la vida: «¡Ay, ay! Todo se cumple con certeza. ¡Oh luz del día, que te vea ahora por última vez! ¡Yo que he resultado nacido de lo que no debía, teniendo relaciones con los que no podía y habiendo dado muerte a quienes no tenía que hacerlo! », exclama antes de entrar en el palacio (Sófocles 1981, 356).

El mensajero anuncia entonces la muerte de Yocasta, que se ha ahorcado. Luego cuenta que Edipo se ha sacado los ojos con el broche de oro del vestido de su madre. En ese momento aparece en escena ciego. Le pide a Creonte que le exilie y que cuide de sus hijas. El corifeo concluye de esta forma la obra: «Ningún mortal puede considerar a nadie feliz con la mira puesta en el último día, hasta que llegue

al término de su vida sin haber sufrido nada doloroso»
(Sófocles 1981, 358).

ESTUDIO DE LOS PERSONAJES

EDIPO

Edipo es el rey de Tebas. Está casado con Yocasta y tienen varios hijos. No es de la ciudad porque creció con sus supuestos padres Pólibo de Corinto y Mérope, una doria. En realidad es hijo de Layo, anterior rey de Tebas, y de Yocasta. Esta última lo había entregado cuando nació a un pastor para que le matara, pero, por piedad, éste le perdonó la vida y se lo entregó a otro hombre, que a su vez se lo entregó a Pólibo. Edipo tiene que descubrir su verdadera identidad. Toda su vida es una ilusión y la obra revela poco a poco el oscuro drama de su existencia: ha matado a su padre y se ha casado con su madre.

Al principio de la obra, Edipo es querido y admirado. Es el salvador de Tebas, el que ha resuelto el enigma de la Esfinge y a quien recurren los cuando la desgracia se abate de nuevo sobre la ciudad. El sacerdote le dice:

> «Ni yo ni estos jóvenes estamos sentados como suplicantes por considerarte igual a los dioses, pero sí el primero de los hombres en los sucesos de la vida y en las intervenciones de los dioses. Tú que, al llegar, liberaste la ciudad Cadmea del tributo que ofrecíamos a la cruel cantora y, además, sin haber visto nada más ni haber sido informado por nosotros, sino con la ayuda de un dios, se dice y se cree que enderezaste nuestra vida» (Sófocles 1981, 313).

Edipo se muestra intrépido y ávido de saber. Decide dirigir

la investigación sobre el asesinato de Layo y suele tener el papel de interrogador en la obra. Pero también es fogoso y cede con facilidad a sus pasiones. De esta forma, cuando sospecha de Creonte, ningún argumento le hace cambiar de opinión. Luego, cuando comienza a entrever la verdad, Yocasta dice de él: «Edipo tiene demasiado en vilo su corazón con aflicciones de todo tipo y no conjetura, cual un hombre razonable, lo nuevo por lo de antaño» (Sófocles 1981, 345)

Desesperado ante su destino, se saca los ojos. Acaba siendo víctima de la maldición que ha echado él mismo sobre el autor del crimen, que está exiliado. Como subraya Tiresias, «Pues ningún mortal será aniquilado nunca de peor forma que tú» (Sófocles 1981, 327). Edipo es el que ha subido a lo más alto, el que tenía todo y el que, en un vuelco trágico, ha caído a lo más bajo y lo ha perdido todo.

YOCASTA Y CREONTE

Los dos son el contrapunto de Edipo: interlocutores antes que nada, pero también dobles. Yocasta es el segundo personaje trágico de la obra. Presenta la misma trayectoria que Edipo: del presente hacia el pasado, de lo falso a lo verdadero. Se ahorca al descubrir que ha cometido incesto inconscientemente.

Sin embargo, a lo largo de la obra, ella pensaba tener un papel reconciliador. Se interpone entre Creonte y Edipo para calmar su discusión, intenta convencer a Edipo de que el adivino se equivoca. Pero lo único que hace es cegarse a sí misma, como Edipo. Su papel cambia radicalmente de la imagen maternal hacia la imagen de una mujer que ha pedido que asesinen a su hijo y que termina casándose con él sin saberlo.

Creonte, ante ellos, se impone como el personaje leal y razonable de la obra. Opone un discurso argumentado y sólido a los excesos de cólera de Edipo. Cuando Edipo quiere condenarle a muerte, le responde:

> «Ve a Delfos y entérate si te he anunciado fielmente la respuesta del oráculo. Y otra cosa: si me sorprendes habiendo tramado algo en común con el adivino, tras hacerlo, no me condenes a muerte por un solo voto, sino por dos, por el tuyo y el mío; pero no me inculpes por tu cuenta a causa de una suposición no probada. NO es justo considerar, sin fundamento, a los malvados honrados ni a los honrados malvados. Afirmo que es igual rechazar a un buen amigo que la propia vida, a la que se estima sobre todas las cosas» (Sófocles 1981, 334).

Además, en él confía Edipo al final de la obra: le pide que cuide a sus hijas durante su exilio.

EL CORO, TIRESIAS Y LOS OTROS PERSONAJES

El coro en la tragedia griega está dirigido por el corifeo, es decir el jefe del coro y se sitúa más abajo en lo que se llama la orquesta Interactúa con los actores que interpretan a los personajes que están en el escenario. Al cabo del tiempo, el papel del coro se redujo en el teatro griego, pero en la obra de Sófocles sigue siendo importante y participa en la acción, al contrario de lo que hará más tarde Eurípides (dramaturgo trágico griego, 484-406 a. C.) en sus obras. Las partes del texto que le corresponden son cantadas. En *Edipo rey*, el coro se compone de ancianos que representan la voz de la ciudad. Empiezan la acción y las revelaciones y suelen subrayar lo patético de las escenas que han precedido: «La población perece en número incontable. Sus hijos, abandonados, yacen en el suelo, portadores de muerte, sin obtener ninguna compasión» (Sófocles 1981, 318).

Los otros personajes tienen, sobre todo, un papel informativo. Intervienen en cierto momento de la acción para contar lo que saben. Así ocurrirá con el sirviente, el pastor o el mensajero. Tiresias tiene entre ellos un papel más importante. Es el adivino y, por ello, como el oráculo, es un intermediario entre los dioses y los hombres. Sabe lo que los otros hombres no saben. Edipo le dice al recibirle: «¡Oh Tiresias, que todo lo manejas, lo que debe ser enseñado y lo que es secreto, los asuntos del cielo y los terrenales! Aunque no ves, comprendes, sin embargo de qué mal es víctima nuestra ciudad. A ti te reconoces como único defensor y salvador de ella, señor» (Sófocles 1981, 322). Simbólicamente es todo lo contrario de Edipo: es ciego, pero ve la verdad cuando Edipo, aun pudiendo ver, vive en la ilusión. De esta forma, cuando Edipo descubre la verdad, se ciega físicamente porque no puede soportar la realidad que descubre. El conocimiento de la verdad es una carga. Es lo que Tiresias había vaticinado en la obra: «Todos han perdido el juicio. Yo nunca revelaré mis desgracias, por no decir las tuyas» (Sófocles 1981, 323)

CLAVES DE LECTURA

UNA INVESTIGACIÓN

La obra está constituida como una doble investigación: una investigación alrededor del asesinato de Layo y una escondida sobre la identidad de Edipo. Al comienzo, el rey no sabe dónde buscar y se enfrenta a mentiras: «¿Dónde podrá encontrarse la huella de una antigua culpa, difícil de investigar», dice (Sófocles 1981, 315). Se cree que a Layo lo mataron unos bandidos, pero es mentira. Pólibo y Mérope le hacen creer a Edipo que es su hijo, lo que también es una mentira. El reto es reemplazar el relato ficticio de los hechos por un relato verdadero.

Gran parte de la obra consiste en sucesiones de preguntas y respuestas, en diálogos que conducen de nuevo al interrogatorio. «Y yo diré lo que sigue, como quien no tiene nada que ver con este hecho. Porque yo mismo no podría seguir por mucho tiempo la pista sin tener ni un rastro », dice Edipo (Sófocles 1981, 320). Se escucha a los testigos, sobre todo al pastor, y se recurre a los expertos como Tiresias. Cada uno defiende su punto de vista cuando llega la hora de la acusación. Cuando Tiresias acusa a Edipo, como este último no tiene argumentos para defenderse, contraataca denunciando un complot contra él.

Debido a las investigaciones, la obra no presenta una acción. Es una vuelta sobre el pasado que ha cambiado el presente. No ocurre nada más que el descubrimiento de este pasado. Las pocas acciones, el suicidio de Yocasta y la mutilación de Edipo, que se producen fuera de la escena, sólo son la consecuencia de la revelación de este pasado así como su trágica aceptación.

ORDEN Y TRANSGRESIÓN

La investigación nace de la voluntad de reestablecer un orden que se ha perturbado. El oráculo, la palabra de los dioses, reclama que se vengue el asesinato del rey precedente. La peste que llega a Tebas representa esta alteración del orden de las cosas. El asesinato del rey es una transgresión fundamental, pero este crimen es también para Edipo un parricidio.

Edipo es el personaje de la transgresión final, puesto que es culpable de parricidio y de incesto. Estas dos prohibiciones son los fundamentos mismos de una sociedad. «Afirmo que tú has estado conviviendo muy vergonzosamente, sin advertirlo, con los que te son más queridos y que no te das cuenta en qué punto de desgracia estás», dice Tiresias a Edipo (Sófocles 1981, 325). Este último ha roto involuntariamente el orden de la cosas. Sin embargo, él había reestablecido el orden al liberar Tebas de la Esfinge. Edipo es un héroe cuya acción se sitúa al lado del orden o de la transgresión y cuyo destino repercute en toda la comunidad.

UN ITINERARIO TRÁGICO

La característica principal de *Edipo rey* es la insistencia en la ironía trágica. Los dioses no aparecen en la obra, pero su palabra se transmite por el oráculo.

Los oráculos son misteriosos y no permiten que los personajes huyan de su destino; al contrario, contribuyen a provocarlo. «Y Febo me despidió sin atenderme en aquello por lo que llegué, sino que se manifestó anunciándome, infortunado de mí, terribles y desgraciadas calamidades: que estaba fijado que yo tendría que unirme a mi madre y que traería al mundo una descendencia insoportable de ver para los hombres y que yo sería el asesino del padre que me había engendrado», cuenta Edipo (Sófocles 1981, 341). De esta forma, el oráculo no responde a la pregunta que le plantea Edipo sobre su identidad, sino que le transmite simplemente una información que no puede entender y no le permite huir de su destino. Por miedo a cumplir el oráculo, se queda en Tebas, lejos de Pólibo y Mérope, pero al ir a Tebas cumple su destino sin saberlo al matar a su padre por el camino y al casarse con su madre. Es el principio propio de la ironía trágica: el personaje cree que actúa por su interés, pero va hacia su ruina.

Aristóteles (filósofo griego, 384-322 a. C.) en su *Poética* explica que la función de la tragedia es provocar una catarsis en el espectador, es decir, una purgación de las pasiones. El público siente miedo y piedad liberando de alguna forma sus emociones ante lo que ve en el escenario. *Edipo rey* refleja a la perfección este modelo de la tragedia, puesto que el itinerario espantoso de Edipo hace que tanto los personajes de la obra, el coro y, en consecuencia, el público experimenten estos dos sentimientos a la vez.

Lo trágico implica una relación con un tiempo específico, que es particularmente visible en la obra: en el universo trágico, todo ha tenido lugar. Todo está escrito, como señalan los oráculos, pero, sobre todo, el acto fundamental ha tenido lugar en el pasado. Ninguna acción es posible si no es la de contar lo que ha pasado y descubrir la verdad.

PISTAS PARA LA REFLEXIÓN

ALGUNAS PREGUNTAS PARA PROFUNDIZAR EN SU REFLEXIÓN...

- Describa la evolución de los personajes de Edipo y de Yocasta a lo largo de la obra.
- Analice la actitud de Creonte en sus diálogos con Edipo. ¿Cuál es su posición?
- ¿Cuál es el papel del coro? ¿Es importante en su opinión?
- ¿Cómo se caracterizan las intervenciones del coro? ¿Con qué tono?
- ¿A través de qué revelaciones sucesivas conseguimos reconstruir el relato completo de los sucesos?
- ¿En qué aspecto es Edipo un héroe trágico?
- En realidad ninguna acción ocurre en el escenario durante la obra. Todo ha pasado antes de que la obra empiece. Explique esta intención.
- La historia de la familia de Edipo es una sucesión de transgresiones y de crímenes. ¿Qué les ocurre a los otros miembros de esta familia?
- Freud, famoso psicoanalista de comienzos del siglo XX, analizó lo que él llamó complejo de Edipo. ¿En qué consiste? Explíquelo.

PARA IR MÁS ALLÁ

EDICIÓN DE REFERENCIA

- Sófocles. 1981. *Tragedias*. Traducido por Assela Alamillo. Madrid: Gredos.

EN RESUMENEXPRESS.COM

- Guía de lectura de *Antígona* de Sófocles.

ResumenExpress.com

Muchas más guías para descubrir tu pasión por la literatura

www.resumenexpress.com